© Ivone Bins, textos e desenhos, 2020

Direitos de edição reservados à Editora Libretos

Edição e produção
Clô Barcellos

Projeto gráfico
Nilza Dezordi

Revisão
Carmem Regina Lima Vellinho
Célio Klein

Impressão
Ideograf
1ª edição impressa em julho de 2020

Dados de Catalogação Internacional
Bibliotecária Daiane Schramm – CRB 10/1881

B614a   Bins, Ivone Rizzo
            O armário da vovó. / Ivone Rizzo Bins.
      – Porto Alegre: Libretos, 2020.
          24p.:il; 18x28cm
          ISBN 978-65-86264-17-3
          1. Literatura infantil. 2. Versos. 3. Imaginação.
    I. Bins, Ivone Rizzo; il.II. Título.
                                       CDD 028.5

---

www.libretos.com.br
libretos@libretos.com.br
Rua Peri Machado 222B/707
Porto Alegre/RS/Brasil. CEP 90130-130

o armário da vovó

Texto e ilustrações de
IVONE RIZZO BINS

Libretos

Porto Alegre, 2020

À Manoela, que me encanta com seu brincar.

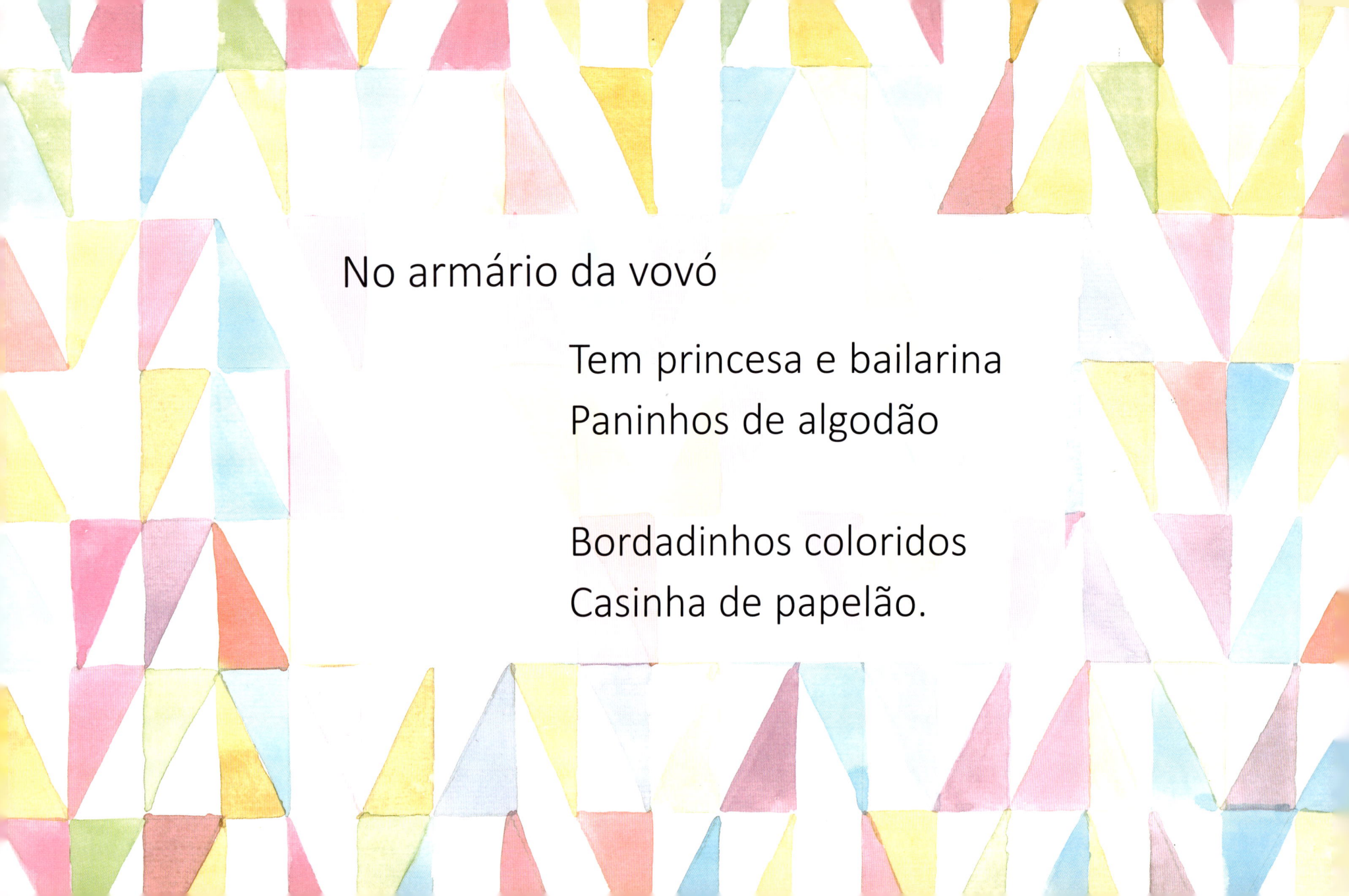

No armário da vovó

Tem princesa e bailarina
Paninhos de algodão

Bordadinhos coloridos
Casinha de papelão.

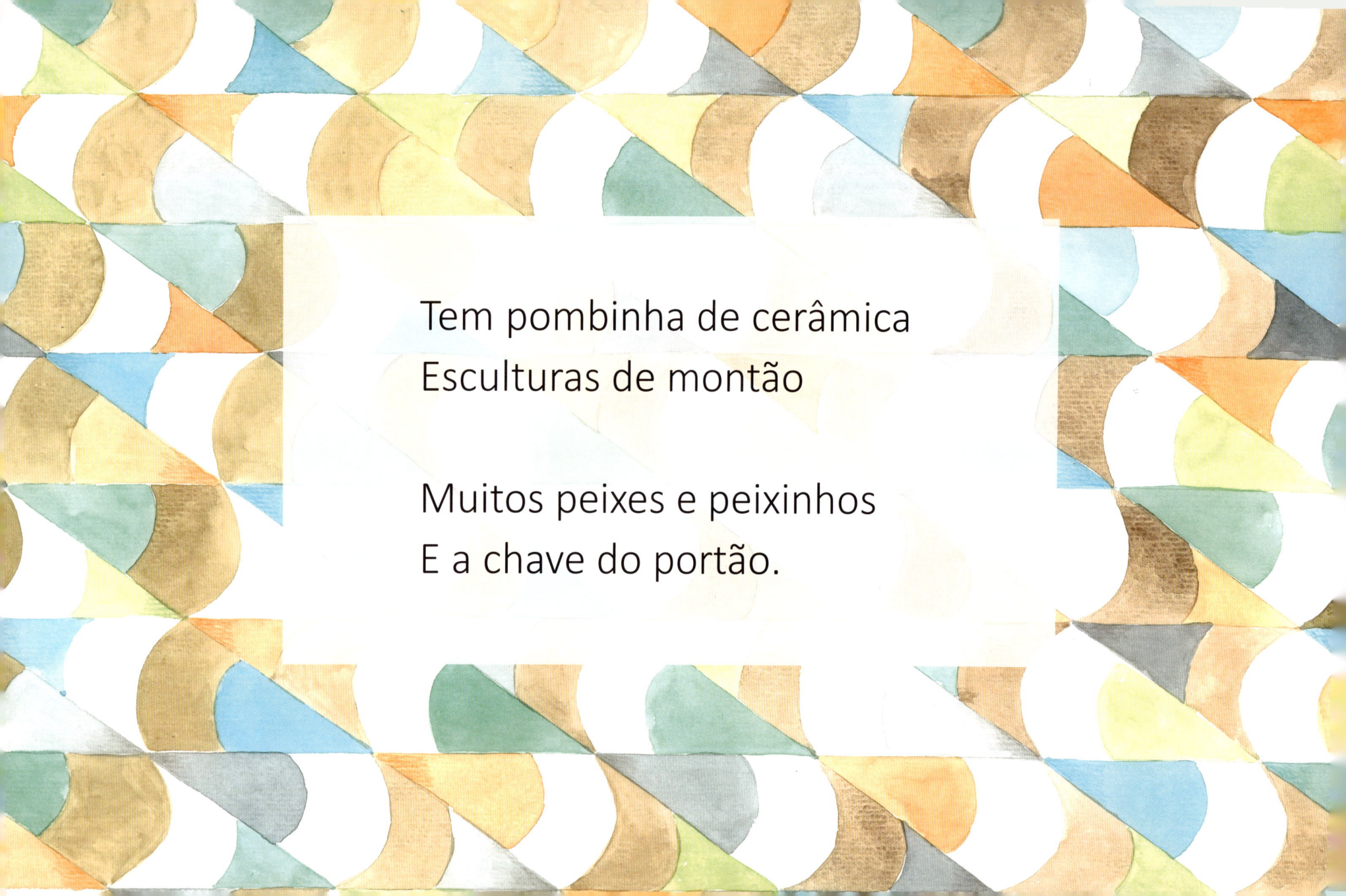

Tem pombinha de cerâmica
Esculturas de montão

Muitos peixes e peixinhos
E a chave do portão.

Tem fotos de toda família
Sobrinhos, filhos, netinha

Um grilo feito de palha
E um Pinóquio brincalhão.

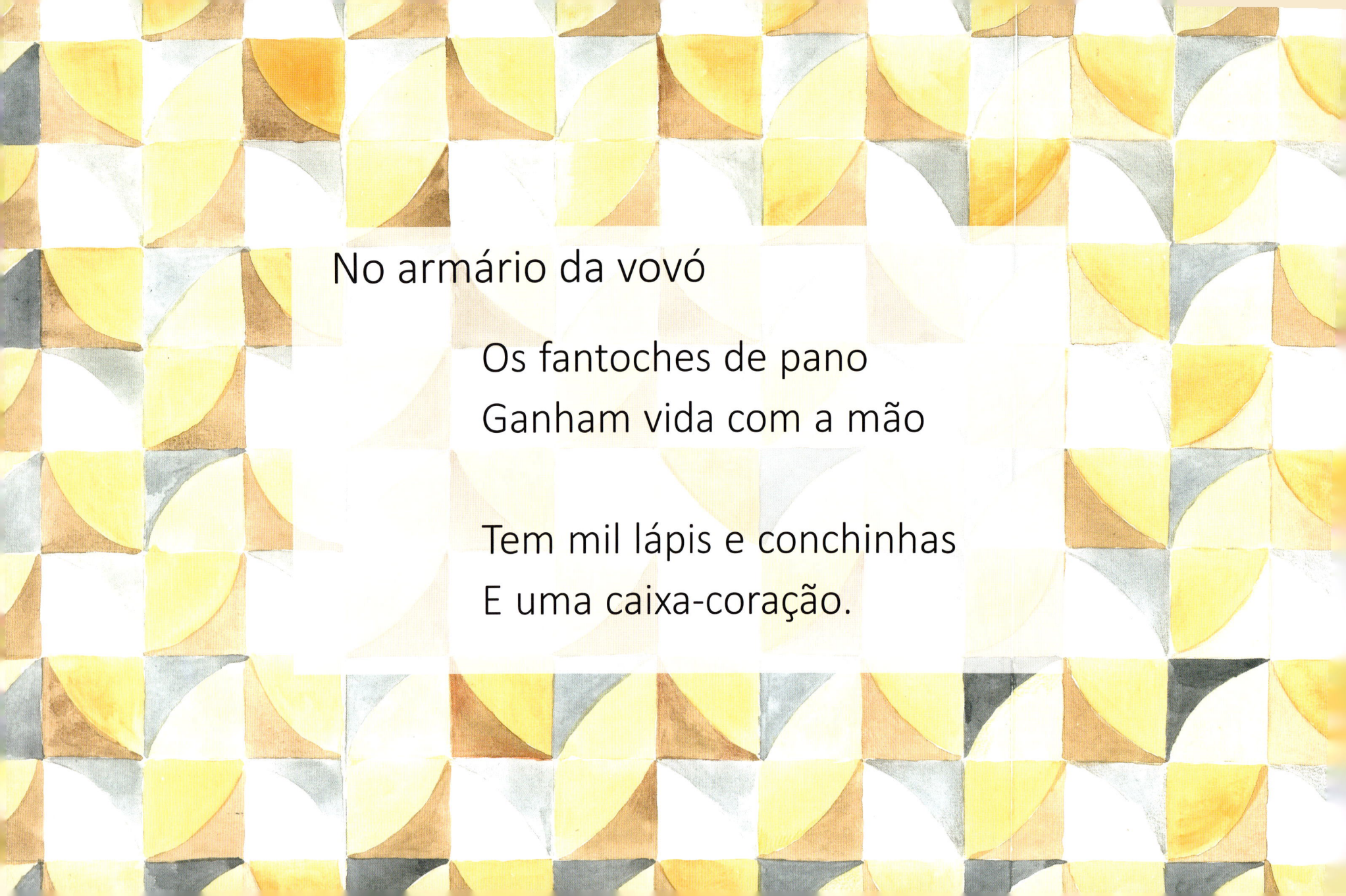

No armário da vovó

    Os fantoches de pano
    Ganham vida com a mão

    Tem mil lápis e conchinhas
    E uma caixa-coração.

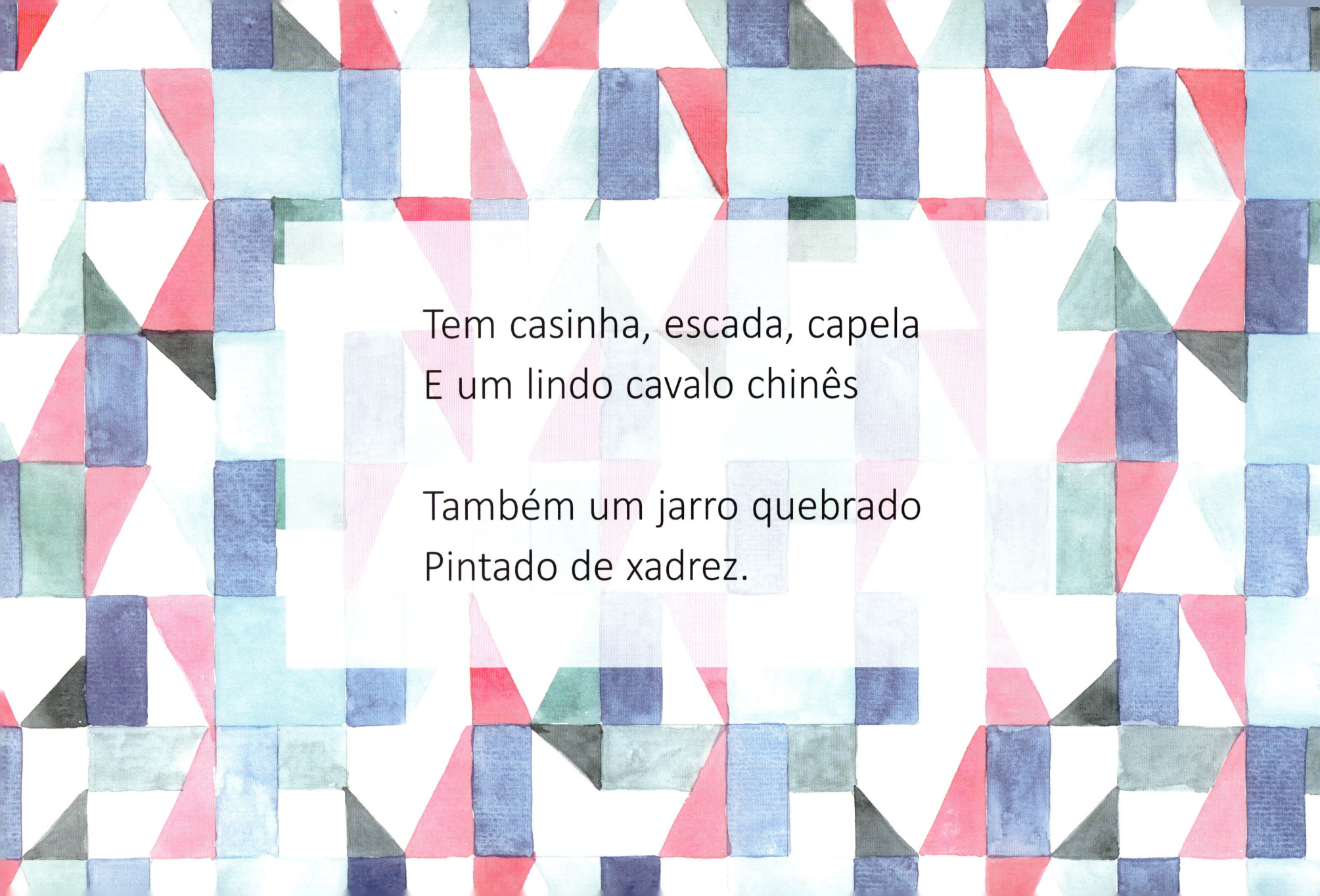

Tem casinha, escada, capela
E um lindo cavalo chinês

Também um jarro quebrado
Pintado de xadrez.

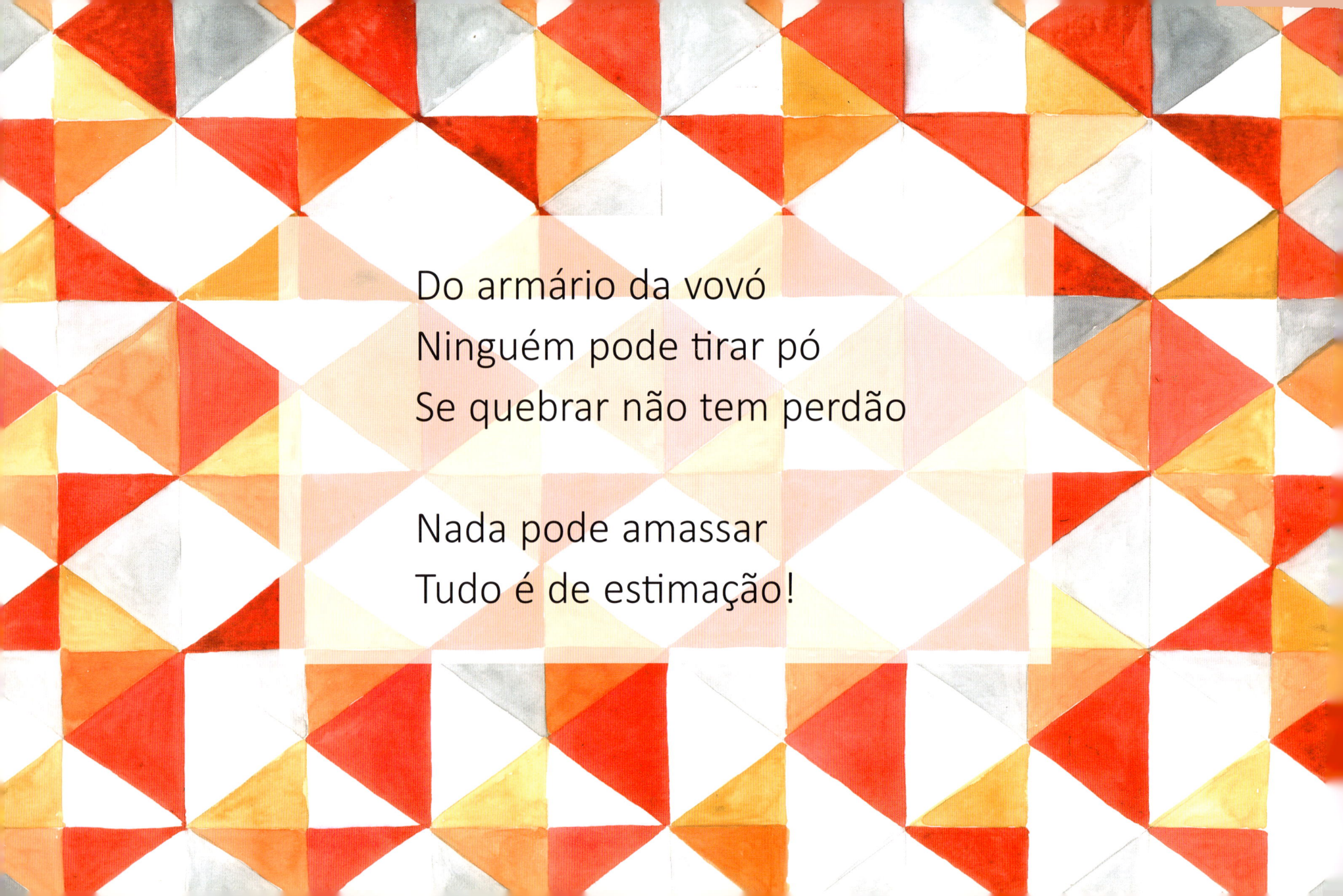

Do armário da vovó
Ninguém pode tirar pó
Se quebrar não tem perdão

Nada pode amassar
Tudo é de estimação!

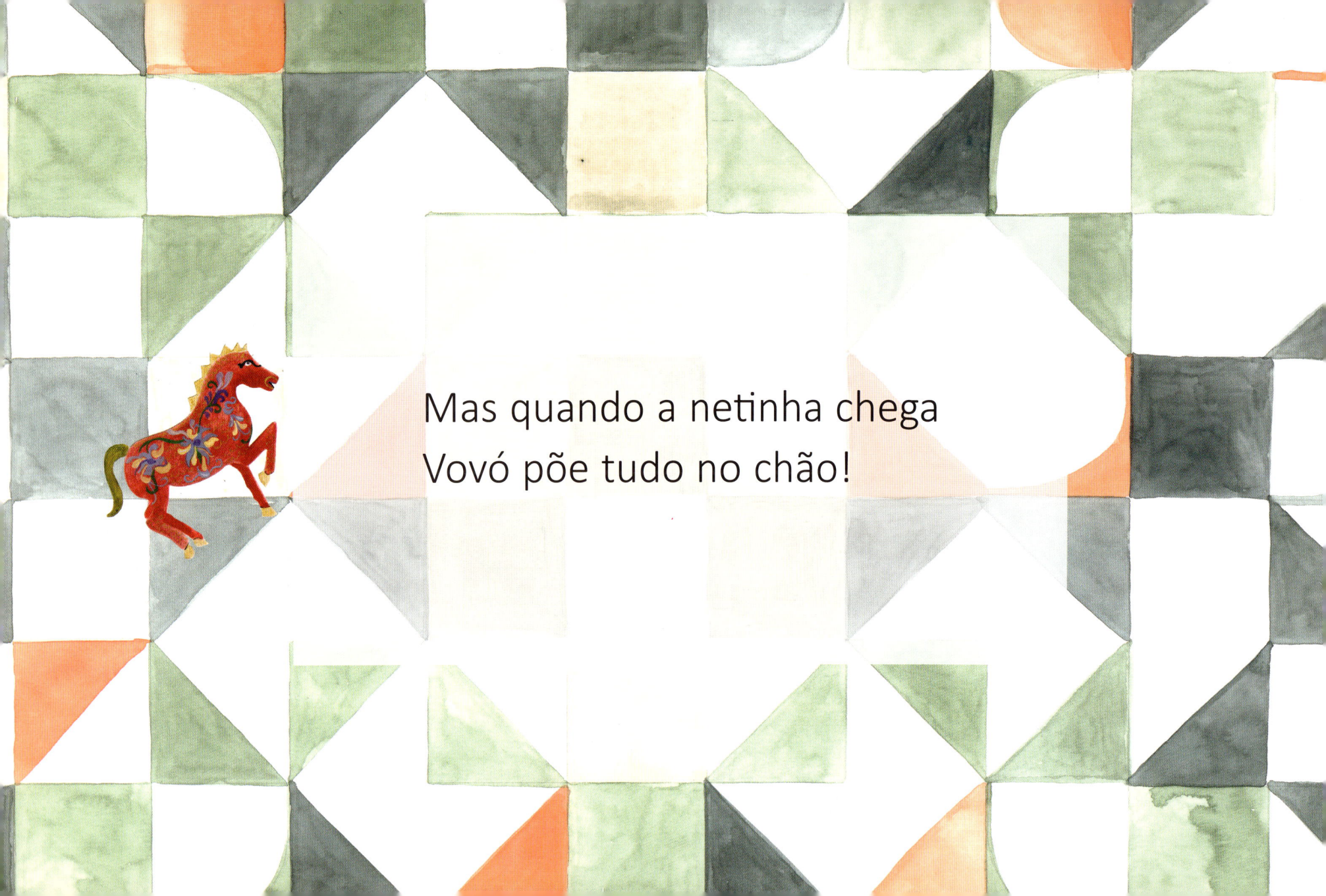

Mas quando a netinha chega
Vovó põe tudo no chão!

Este livro foi feito com amor para todas as crianças que sentem prazer no brincar, que gostam de observar todas as coisas, além de tocar, cheirar, ouvir. Crianças que criam mundos próprios onde o adulto só entra se convidado ou atento a esse brincar. Nada mais lindo do que uma criança inventando histórias!

Este livro foi feito com amor.

Mas também foi feito com o desejo de perpetuar os objetos afetivos que coleciono e que fazem parte da minha história. Objetos que contam suas próprias histórias na manufatura, principalmente artesanal. Objetos que convivem no armário, que conversam uns com outros na minha imaginação. Objetos que são manipulados com cuidado e delicadeza por Manoela desde bem pequenina e, através do seu brincar, ganham novos significados.

Quem sou

Nasci em Porto Alegre, no Rio Grande do Sul. Sou artista plástica, arte-educadora e ilustradora. Acho que desde criança as histórias e os versos me faziam companhia e o desenho era a forma que tinha para me expressar. Estudei Artes Plásticas na UFRGS e lecionei Arte durante muitos anos. Sempre fui apaixonada por livros de histórias e queria muito ilustrar. Comecei em jornais e revistas até surgir o primeiro convite, por meio de um colega de trabalho.

Ilustrei para Marion Cruz os livros *O sumiço do pai de Carol* (2013) e *Lorenzo* (2017), ambos pela Editora Pé de Livros, e para Marisa Faermann Eizirik, *Histórias de boca* (Age Editora, 2015), finalista do Prêmio AGES (Associação Gaúcha dos Escritores) em 2016 na categoria infanto-juvenil. Atualmente me dedico a ilustrar e escrever livros infantis. Também gosto de fazer cerâmica e muitos desenhos em cadernos. *O armário da vovó* (Libretos, 2020) é meu segundo livro escrito em versos e rimas e foi feito na técnica de aquarela e lápis de cor, assim como o *Ima, Gina e o Cão* (Editora Pé de Livros, 2017).